Género Fantasía

I0901291

Pregunta esencial
¿Cómo rescatar cosas usadas?

El sastre y los conejos

Beatriz Abelleira
ilustrado por Carole Henaff

Capítulo 1

El baúl de Antón

Antón vive en un pueblito lejos de la gran ciudad. Cuando comenzó a envejecer, se mudó con su nieto a una granja. Antón ama los animales. Su mayor deseo era ser el amo de un lugar en plena naturaleza y tener conejos; los imaginaba alegres y libres. Y Antón encontró ese lugar.

Su nieto Antonito lo sigue a todas partes; elige su compañía y sus historias. Antonito corre detrás de los conejos y le hace muchas preguntas a su abuelo.

—¿Por qué los conejos tienen nombre?

—A mí me gusta que los nombres muestren cómo son —dijo su abuelo—. Por ejemplo, el blanco se llama Pompón; es peludo y suave. A ti te encanta acariciarlo.

El mejor amigo de Pompón es un conejo gris llamado Veloz. Juntos hacen las mayores travesuras. Las patas de los muebles han sufrido serios contratiempos. Pompón y Veloz las serraron buscando desgastar sus enormes dientes. Pero ¡no dejan de crecerles! Por suerte, el baúl de Antón es un mueble que no tiene patas.

Antonito siempre sintió curiosidad por el baúl de su abuelo. Es muy viejo. Sus herrajes están oxidados, pero el baúl puede abrirse. En su interior guarda maravillas: trajes sin terminar y telas lujosas como la seda. Antonito se sorprende ante el terciopelo, la franela y el cuero.

Muchos años atrás, Antón se dedicó al oficio de sastre; lo aprendió de sus antepasados. Su habilidad le dio mucha fama.

Antón confecciona trajes en la granja para Pompón y Veloz. Sus conejos visten como señores. Llevan también chaleco con bolsillos para guardar el reloj. Pompón y Veloz no son conejos comunes y corrientes. Tienen estilo; saben comportarse y aman la hora del té. Sus dientes crecen sin parar, adoran correr y sienten pasión por las zanahorias.

Pompón y Veloz siempre vivieron en la granja; pero antes, habitaban una casilla fría y destartalada. No eran felices; se sentían solos y desamparados. Se alimentaban día por medio y nadie los cuidaba. Soñaban con la granja habitada por buena gente. ¡Pero un día, por fortuna, el sueño se les cumplió!

Cuando Antón y Antonito llegaron a la granja, nadie les advirtió que Pompón y Veloz vivían allí.

Una noche, hubo un incendio en la casilla donde dormían los conejos y el ruido de la madera que ardía despertó a Antonito. El nieto inmediatamente avisó a su abuelo. Antón recicló un antiguo barril; acondicionó el interior y le puso una puerta. Los dos conejos tuvieron así una hermosa vivienda.

AHORA COMPRUEBA

¿Cómo se llaman los dos conejos? ¿De qué colores son?

Capítulo 2

La casa de al lado

Los vecinos de Antón y su nieto vivían en una casa humilde. Eran gente muy trabajadora y estaban siempre muy ocupados.

La casa de los vecinos necesitaba muchas reparaciones, sobre todo, después de las lluvias. Los vecinos tenían un corral donde las gallinas protegían a sus pollitos de los zorros. También criaban a un grupo de conejos. Algunos eran pardos; otros eran blancos con manchas negras.

—Amo a todos los conejos —dijo Antonito a su abuelo—. Me gustaría que nos visiten los conejos vecinos. Los veo corretear por el jardín de la casa de al lado.

Los conejos vecinos aparecieron de pronto y comenzaron a jugar con Pompón y Veloz. Antón se alegró: se había cumplido el deseo de su nieto. Les dio la bienvenida con verduras y zanahorias.

—¿Por qué sus dueños no les han puesto nombres? —preguntó Antonito a uno de los conejos vecinos.

—Porque no tienen tiempo de ocuparse de eso; no pueden detenerse a ver cómo es cada uno de nosotros —dijo el conejo pardo.

—Yo te llamaré Terroso. Me gusta tu color de tierra oscura —afirmó el niño.

Detective del lenguaje

En la oración subrayada, ¿cuál es el pronombre personal?

Antonito es muy sensible y pensó en cómo ayudar a los conejos vecinos. Llevaban ropas gastadas y estaban muertos de frío. Se lo contó a su abuelo con preocupación.

—A mí me encantaría ayudarlos con algunas ropas nuevas y abrigadas —dijo Antón—. ¡Se me ocurre algo! ¡Pongámonos manos a la obra!

AHORA COMPRUEBA

¿Cuál es el deseo de Antonito que se cumplió en este capítulo?

Capítulo 3

Antón, el sastre generoso

Antón recuperó sus antiguas herramientas de trabajo: tijeras, centímetro, alfileres, agujas e hilos de buena calidad. Lo demás estaba en su antiguo baúl; todo, en perfecto estado de conservación. Sintió entusiasmo y una profunda emoción. Iba a ayudar a sus vecinos. Y responder al pedido de su nieto lo hacía muy feliz.

Antonito fue a buscar a Terroso y a los demás conejos vecinos; el abuelo les tomaría las medidas para sus ropas.

—Antón, tú tienes las manos frías —dijo Terroso.

El abuelo frotó una mano con la otra para calentarlas. Le dijo a Antonito:

—Tú serás mi ayudante.

¡Qué buen equipo hacían el abuelo y su nieto!

Detective del lenguaje	En la oración subrayada, ¿cuál es el pronombre personal?

El abuelo terminó todos los trajes nuevitos y abrigados. Demostró ser un sastre muy habilidoso; su nieto estaba orgulloso de él.

—Pompón y Veloz, les confío la tarea de llevar los trajes nuevos —dijo el abuelo.

—Yo los acompaño —dijo Antonito.

Luego de llevar los trajes a los conejos vecinos, regresaron a casa con una sonrisa. Entonces, Pompón sacó su reloj. ¡Era la hora del té! Los tres bebieron un exquisito té y luego se unieron en un abrazo emocionado.

AHORA COMPRUEBA

¿Quiénes llevaron los trajes nuevos a los conejos vecinos?

Respuesta a la lectura

Resumir

Usa detalles del cuento para resumir *El sastre y los conejos*. La tabla te servirá de ayuda.

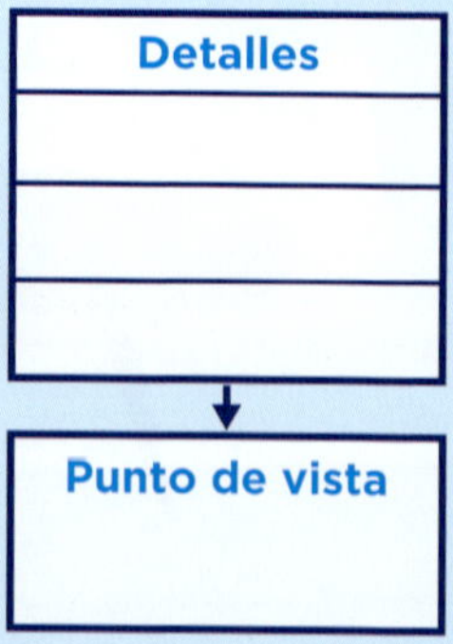

Evidencia en el texto

1. ¿Cómo sabes que *El sastre y los conejos* es un cuento de fantasía? **Género**
2. En la página 3, ¿por qué Antón les pone nombres a los conejos? **Punto de vista**
3. Busca la palabra *amo* en las páginas 2 y 10. ¿Son homógrafos? ¿Por qué? **Homógrafos**
4. Escribe sobre lo que siente Antonito por los conejos. Usa detalles del cuento para tu respuesta. **Escribir sobre la lectura**

Género Texto expositivo

Compara los textos

Lee sobre cómo organizar un intercambio de libros y juguetes.

¿Por qué no intercambiamos?

¿Disfrutas los juguetes y los libros de la casa de tus amigos? Es divertido tener algo distinto para jugar o para leer. Es parte de la emoción de tener cosas nuevas. Pero a veces tu nuevo y reluciente juguete termina en una pila en el piso del clóset o tu nuevo libro favorito acumula polvo en tu biblioteca.

¿Por qué no reciclas tus libros y juguetes? Es una forma de conservación. Los recursos como los árboles se usan para hacer libros. Si volvemos a usar los libros, algunos árboles se salvan para un uso futuro.

Puedes reciclar realizando un intercambio de libros y juguetes. Reúne libros y juguetes que ya no quieras. Pide a tus amigos que hagan lo mismo.

Haz boletas para el intercambio. Da a todos una boleta por cada objeto que donan. Así todos pueden intercambiar una boleta por un juguete o un libro nuevo.

Dona los juguetes o libros que hayan quedado a una biblioteca o un hospital.

Cuando reciclamos libros, salvamos a los árboles para un uso futuro.

Cómo hacer un señalador

Qué necesitas

- 1 sobre
- tijeras
- pegamento
- páginas de revistas

Cómo se hace

1. Recorta un triángulo de la esquina de un sobre.
2. Recorta una imagen de una revista que tenga el mismo tamaño que la esquina del sobre.
3. Pega la imagen a un lado del triángulo. Es posible que necesites hacer ajustes para que todo quede alineado.
4. Desliza el señalador triangular sobre la esquina de una página.

Haz conexiones

Piensa en otra manera de volver a usar algo que ya tienes. **Pregunta esencial**

Usa lo que aprendiste en *El sastre y los conejos* y en *¿Por qué no intercambiamos?* para explicar por qué es importante reciclar. **El texto y otros textos**

Enfoque: Género

Fantasía Los cuentos de fantasía poseen personajes, ambientes u otros elementos inventados que no podrían existir en la vida real.

Lee y descubre El cuento *El sastre y los conejos* es una fantasía. Tiene personajes que no podrían existir en el mundo real. Descubre qué hace que esos personajes sean de fantasía.

Tu turno

Imagina que estás por mudarte. Solo podrás conservar algunas pertenencias. Escribe un cuento de fantasía sobre cómo reciclarías objetos para tu nueva casa.